Der strafbare Kriegsgewinn
nach der Rechtsprechung des Reichsgerichts

Von

Dr. Hans Kirchberger
Rechtsanwalt, Dozent an der Handelshochschule zu Leipzig

Leipzig :: Verlag von Veit & Comp. :: 1917

Druck von Metzger & Wittig in Leipzig.

Vorwort.

Die nachstehenden Ausführungen finden ihre Grundlage in einem Vortrage, den ich im Dezember 1916 in der Handelshochschule zu Leipzig gehalten habe. Die wertvollsten Anregungen hat mir die Schrift von Lobe, „Übermäßiger Gewinn im Sinne von § 5 Nr. 1 der Bundesratsverordnung vom 23. Juli 1915, 23. März 1916", gegeben. Für die wissenschaftliche Durchdringung des Stoffes ist die Arbeit von Alsberg, Kriegswucherstrafrecht, die in der während des Druckes erschienenen 2. Auflage noch nicht benutzt werden konnte, unentbehrlich. Eine besondere Ausgabe der Bundesratsverordnung vom 23. Juli 1915 in der Fassung vom 23. März 1916 fehlt. Die Verordnung ist mit kurzen Bemerkungen in der empfehlenswerten Sammlung von Victor Szczesny und Dr. Heinrich Neumann im Verlag J. Hess, Stuttgart unter dem Titel erschienen: „Die Bekämpfung des Wuchers mit Lebensmitteln und Gegenständen des täglichen Bedarfs auf Grund der §§ 302 RStGB., 138 BGB. und der Verordnungen des Bundesrats und der militärischen Kommandobehörden."

Inhaltsverzeichnis.

Abkürzungen.

JW. = Juristische Wochenschrift.

Lobe = Übermäßiger Gewinn im Sinne von § 5 Nr. 1 der Bundesratsverordnung vom 23. Juli 1915 / 23. März 1916 von Dr. Adolf Lobe, Reichsgerichtsrat.

LZ. = Leipziger Zeitschrift für Deutsches Recht, J. Schweitzer Verlag.

RGBl. = Reichsgesetzblatt.

RGS. = Amtliche Sammlung der Entscheidungen des Reichsgerichts in Strafsachen.

Sächs. Arch. = Sächsisches Archiv für Rechtspflege.

I. Einleitung.

In § 5 der Bundesratsverordnung gegen übermäßige Preissteigerung vom 23. Juli 1915, ergänzt durch die Verordnungen vom 22. August, 23. September 1915 und 23. März 1916 werden für den Kriegswucher im engeren Sinne erhebliche Strafen angedroht.[1]

Nach Nr. 1 der genannten Vorschrift wird mit Gefängnis bis zu einem Jahre und mit Geldstrafe bis zu 10000 Mark oder mit einer dieser Strafen derjenige belegt, der „für Gegenstände des täglichen Bedarfs, insbesondere für Nahrungs- und Futtermittel aller Art, für rohe Naturerzeugnisse, Heiz- und Leuchtstoffe sowie für Gegenstände des Kriegsbedarfs Preise fordert, die unter Berücksichtigung der gesamten Verhältnisse, insbesondere der Marktlage, einen übermäßigen Gewinn enthalten, oder wer solche Preise sich oder einem anderen gewähren oder versprechen läßt.“

Neben der Strafe kann auf Einziehung der Vorräte erkannt werden, auf die sich die strafbare Handlung bezieht, ohne Unterschied, ob sie dem Verurteilten gehören oder nicht; ferner kann angeordnet werden, daß die Verurteilung auf Kosten des Schuldigen öffentlich bekanntzumachen ist. Wird Gefängnisstrafe ausgeworfen, so kann das Gericht auf Verlust der bürgerlichen Ehrenrechte erkennen.

Wie sich schon aus dem Wortlaut des Gesetzes ergibt, ist nicht nur die vorsätzliche, sondern auch die fahrlässige Zuwiderhandlung gegen die Verordnung strafbar. Für den Fall der vorsätzlichen Preissteigerung ist die Strafe mindestens auf das Doppelte des übermäßigen Gewinnes zu bemessen, der erzielt worden ist oder erzielt werden sollte; übersteigt der Mindestbetrag 10000 M.,

---

[1] Vergl. Anhang.

so ist auf ihn zu erkennen. Im Falle mildernder Umstände kann die Geldstrafe bis auf die Hälfte des Mindestbetrages ermäßigt werden.

Für die Schuldfrage ist neuerdings die Bekanntmachung des Bundesrats über die Verfolgung von Zuwiderhandlungen gegen Vorschriften über wirtschaftliche Maßnahmen vom 18. Januar 1917 (RGBl. S. 17 Nr. 12) von großer Bedeutung.[1] Bei Zuwiderhandlungen gegen Vorschriften, die auf Grund des § 3 des Ermächtigungsgesetzes vom 4. August 1914 ergangen sind oder noch ergehen — dazu gehört die Preissteigerungsverordnung — schließt der unverschuldete Irrtum des Täters über das Bestehen oder die Anwendbarkeit der übertretenen Vorschrift die Strafbarkeit aus, wenn der Täter seine Handlung infolge dieses Irrtums für erlaubt gehalten hat. Ein solcher unverschuldeter Irrtum wird dann als vorliegend erachtet werden müssen, wenn sich der Täter vorher bei einer zuverlässigen amtlichen oder nichtamtlichen Stelle darüber erkundigt hat, ob und in welchem Umfange Vorschriften bestehen, die die beabsichtigte Handlungsweise als straffällig erscheinen lassen und der Täter auf Grund dieser Auskunft die Handlung für erlaubt ansehen durfte.

Nach der Preissteigerungsverordnung ist der übermäßige Gewinn nicht bei allen Gütern, sondern nur bei Gegenständen des täglichen Bedarfs oder des Kriegsbedarfs verboten.

Gegenstände des täglichen Bedarfs sind nach der Entscheidung des IV. Strafsenats des Reichsgerichts vom 12. Mai 1916 (Sächs. Arch. 1916 S. 354) „nicht nur Nahrungsmittel im engeren Sinne, sondern auch Genußmittel, sofern diese Gegenstände des täglichen Bedarfs geworden sind. Ein tagtäglicher Bedarf für jedermann wird nicht vorausgesetzt. Die Gegenstände müssen nur solche sein, für die in der Gesamtheit des Volkes täglich ein Bedürfnis vorliegen kann, das Befriedigung heischt. Auch Nahrungs- und Genußmittel von feinerer Zubereitung, die vorwiegend von den begüterten Kreisen des Volkes begehrt werden, gehören hierher, wenn sie in diesen Kreisen dem täglichen Bedarf im obengenannten Sinne dienen."

---

[1] Vergl. Anhang.

Darüber, was man unter Gegenständen des Kriegsbedarfs zu verstehen hat, scheint noch kein höchstrichterliches Erkenntnis vorzuliegen. Darunter dürften alle diejenigen Gegenstände fallen, die mittelbar oder unmittelbar der kriegsmäßigen Verteidigung des Deutschen Reichs oder der mit ihm verbündeten Staaten dienen.

Der entschuldbare Irrtum darüber, daß ein Bedarfsgegenstand im Sinne der Preissteigerungsverordnung vorliegt, wird nach der oben erwähnten Bekanntmachung vom 18. Januar 1917 zur Straffreiheit führen müssen.

II. Der Maßstab für den übermäßigen Gewinn.

§ 1.
Die Bedeutung des Marktpreises.

Der Deutsche Handelstag hat sich in der Sitzung seines Ausschusses vom 10. und 11. Februar 1916 dahin ausgesprochen, daß der nach § 5 Abs. 1, Nr. 1 der Preissteigerungsverordnung unter Strafe gestellte Tatbestand der übermäßigen Preisforderung nicht als gegeben zu betrachten sei, wenn der geforderte Preis sich innerhalb der Grenzen des Marktpreises halte. (Mitteilungen des Deutschen Handelstages 56. Jahrg. Nr. 5 S. 27f.) In den weiteren Verhandlungen des Handelstages ist die Kommission betr. Kleinhandel in Übereinstimmung mit dem Ausschuß des Deutschen Handelstages zu dem gleichen Ergebnis gelangt. (Mitteilungen des Handelstages 56. Jahrg. Nr. 16 S. 24.)

Diese Auffassung des Handelstages gibt die Meinung des gesamten Handels wieder.

Demgegenüber bemerkt Lobe in seiner Schrift über den übermäßigen Gewinn S. 22, daß der häufigste Irrtum gewerblicher Kreise darin bestehe, daß die Händler sich gegen den Vorwurf übermäßigen Gewinnes gedeckt glauben, wenn die Preise dem jeweiligen Marktpreis entsprechen.

Diese Ansicht von Lobe findet ihre weitestgehende Unterstützung in der Rechtsprechung des III. und IV. Strafsenats des Reichsgerichts. In den Urteilen dieser Strafsenate wird zu wiederholten Malen zunächst darauf hingewiesen, daß die Begriffe

Marktlage im Sinne des § 5 Nr. 1 der Preissteigerungsverordnung und Marktpreis verschiedene seien. Schon das Urteil des III. Senats vom 14. Februar 1916 (RGS. 49 S. 398ff.; LZ. 1916 S. 737) bemerkt: „Die Marktlage berücksichtigen bedeutet nicht, der Händler dürfe mit dem Marktpreis gehen, ihm folgen und die eigenen Preise darnach richten; dem übermäßigen Gewinn des einzelnen steht nicht der Marktpreis der Ware, sondern der gewöhnliche Gewinn gegenüber, wie er auch sonst beim Verkauf von gewissen in der Verordnung genannten Gegenständen üblich und angemessen ist, um den Handel damit nutzbringend zu gestalten, ein Gewinn, der durch die gesamten Verhältnisse, insbesondere die Marktlage, gerechtfertigt wird, also sachlich begründet ist." Den gleichen Standpunkt wiederholt der III. Senat in seinem Urteil vom 3. Juli 1916. (LZ. 1916 S. 1171). Den Unterschied zwischen Marktpreis und Marktlage betonen ferner die Urteile des IV. Strafsenats vom 10. März 1916 (RGS. 49 S. 435; LZ. 1916 S. 592) des gleichen Senats vom 2. Mai 1916 (JW. 1916 S. 1131f.), des I. Strafsenats vom 4. Mai 1916 (LZ. 1916 S. 874) und des III. Strafsenats vom 8. Mai 1916 (LZ. 1916 S. 942).

Die praktische Bedeutung dieser scharfen, an sich gewiß richtigen Unterscheidung zwischen Marktpreis und Marktlage ist nicht ohne weiteres erkennbar. Denn der Marktpreis steht ja im engsten Zusammenhange mit der Marktlage, er baut sich auf ihr auf und wird von denselben Schwankungen und Bewegungen beeinflußt, wie die Marktlage selbst.

Wenn trotzdem auf die theoretische Verschiedenheit der Begriffe hingewiesen wird, so kann praktisch damit nichts anderes gemeint sein, als daß der Marktpreis keinen absoluten Maßstab für die Preisgestaltung bildet, sondern daß auch die Umstände mit berücksichtigt werden müssen, die zur Bildung der Marktlage und damit des Marktpreises wesentlich beigetragen haben. Dieser Gesichtspunkt tritt denn auch in der Tat, namentlich in der Rechtsprechung des IV. Strafsenats mit Deutlichkeit hervor. So heißt es in dem schon erwähnten Urteil des IV. Senats vom 2. Mai 1916:

„Marktlage ist nicht gleichbedeutend mit Marktpreis und es muß nicht schon deshalb, weil sich ein allgemeiner Marktpreis gebildet hat, dessen Angemessenheit im Sinne der Verordnung ohne weiteres angenommen werden. Vielmehr kommt es auf die Umstände an, die die Marktlage bilden und wie sich aus ihr der Marktpreis gestaltet hat. Eine durch rechtlich gemißbilligte Umstände geschaffene Marktlage und ein hierdurch erzeugter übermäßig hoher Preis ist nicht als Maßstab für die Angemessenheit zu benutzen."

Diese Ausführungen, denen meines Erachtens in vollem Umfange beizutreten ist, stehen nicht im Widerspruch mit der Auffassung des Handels. Wenn bei den Erörterungen im Deutschen Handelstag auf den Marktpreis entscheidendes Gewicht gelegt worden ist, so war man sich doch schon bei den Verhandlungen vom 10. und 11. Februar 1916 darüber im klaren, daß ausnahmsweise der Marktpreis auf unlauterer Grundlage beruhen und unter dieser Voraussetzung nicht als absoluter Maßstab dienen dürfe.

Meinungsverschiedenheiten werden sich erst bei Prüfung der Frage ergeben, wann eine durch rechtlich gemißbilligte Umstände geschaffene Marktlage, die in der Rechtsprechung gern als Notmarktlage bezeichnet wird, vorliegt.

Zu dieser Frage hat sich der IV. Strafsenat ausführlich bereits in seinem Urteil vom 10. März 1916 (RGS. Bd. 49 S. 6; LZ. 1916 S. 542) ausgesprochen. Dort wird gesagt, daß der Marktpreis dann nicht als maßgebend für die Frage des Übermaßes von Gewinn berücksichtigt werden dürfe, wenn er selber auf wucherischer Preistreiberei, auf einer Marktlage beruhe, die durch unlautere Machenschaften und ein Handeln wider die guten Sitten im Verkehr zustande gekommen, also rechtlich zu mißbilligen sei.

Gegen diese Kennzeichnung der Notmarktlage lassen sich keine begründeten Einwendungen erheben. Allerdings ist die Frage offen gelassen, inwieweit es für die Strafbarkeit des Täters darauf ankommt, ob er wußte oder nur infolge Fahrlässigkeit nicht wußte, daß der Marktpreis gegebenenfalls nur aus einer Notmarktlage hervorgegangen ist und ob er bei unverschuldeter Unkenntnis straffrei zu bleiben hat.[1]

---

[1] Siehe unten S. 30 und Urteil des Kammergerichts vom 21. XI. 1916, JW. 1917 S. 116.

Diese Frage, auf die noch zurückzukommen ist, verliert angesichts der weiteren Entwicklung in der Rechtsprechung des IV. Senats erheblich an Bedeutung. Denn in der Entscheidung des erwähnten Senats vom 30. Oktober 1916 (LZ. 1917 S. 49) wird der Begriff der Notmarklage so ausgedehnt, daß der Gegensatz zwischen dieser und einer normalen Marktlage praktisch nicht mehr in Betracht kommt. Nach dem erwähnten Urteil soll eine Notmarktlage nicht bloß dann vorliegen, wenn sie durch absichtliche künstliche Preistreiberei erzeugt worden ist, vielmehr schon dann, wenn sie „durch erhebliche Warenknappheit auf der einen Seite und gesteigerte Nachfrage auf der anderen Seite auf natürliche Weise entsteht, sofern diese Warenknappheit lediglich durch den Krieg hervorgerufen worden ist."

Schließt man sich dieser Begriffsbestimmung der Notmarktlage an, so muß man zugeben, daß bei allen Gegenständen des täglichen Bedarfs und wohl auch bei denjenigen des Kriegsbedarfs, stets eine Notmarktlage vorliegt. Bei allen Bedarfsartikeln ist infolge des Krieges eine gewisse Knappheit eingetreten, während die Nachfrage aus wirtschaftlichen Gründen sich immer mehr steigert. Demnach muß man bei folgerichtiger Durchführung der von dem Reichsgericht, insbesondere von dem IV. Strafsenat vertretenen Auffassung zu dem Ergebnis gelangen, daß die Marktlage als entscheidender Faktor für eine rechtlich anzuerkennende Preisbildung überhaupt ausscheidet. Damit aber verwandelt sich die in § 5 Nr. 1 der Preissteigerungsverordnung ausdrücklich vorgeschriebene Berücksichtigung der Marktlage in ihr Gegenteil. Diese Überspannung des Begriffes der Notmarktlage ist mit dem Wortlaut und dem Sinn der Preissteigerungsverordnung ebenso wie mit der doch keineswegs unbeachtlichen Auffassung des gesamten Handels unvereinbar. Auch der Gesetzgeber kann an eine so weitgehende Ausschaltung der Marktlage unmöglich gedacht haben, sonst wäre es unverständlich, warum überhaupt von der Berücksichtigung der Marktlage gesprochen wird. Den Willen des Gesetzgebers läßt die Antwort des Reichskanzlers vom 14. Februar 1916 auf eine Anfrage des Präsidenten des Deutschen Handelstags erkennen. Hierin wird ausgeführt, daß bei Beantwortung der Frage, ob ein übermäßiger Gewinn im

Sinne des § 5 Abs. 1 der Preissteigerungsverordnung vorliege, die gesamten Verhältnisse zu berücksichtigen seien; es komme nicht allein auf das Verhältnis zwischen Ein- und Verkaufspreis an, vielmehr sei auch die Marktlage in Betracht zu ziehen (vgl. Mitteilungen des Handelstags, 56. Jahrgang, Nr. 5 S. 7).

Im übrigen wird die eingehende Stellungnahme zu der höchstrichterlichen Rechtsprechung wegen der Bedeutung des Marktpreises erst möglich sein, wenn die Frage beantwortet ist, welche Umstände an Stelle des Marktpreises den Maßstab für die Gewinnberechnung abgeben sollen.

§ 2.

Die Gewinnberechnung nach den Gestehungskosten.

Um die Frage beantworten zu können, wann der Gewinn als übermäßiger anzusehen ist, muß man sich zunächst darüber klar sein, was unter Gewinn im Sinne der Preissteigerungsverordnung zu verstehen ist. Wegen seiner überwiegend praktischen Bedeutung soll hier nur der Unternehmergewinn behandelt werden, nicht der Gewinn aus einem im bürgerlichen Verkehr vorgenommenen Verkauf (vgl. Lobe S. 6ff.).

Der Unternehmergewinn bedeutet nicht, wie man noch immer in gutachtlichen Äußerungen lesen kann, den Unterschied zwischen dem Einkaufspreis und dem Verkaufspreis. Diese Spannung wird kaufmännisch als Rohgewinn oder Bruttogewinn bezeichnet.[1] Auf den Rohgewinn kommt es nicht an, sondern nur auf den Reingewinn. Der Reingewinn ergibt sich aus dem Abzug der gesamten Aufwendungen für die Ware von dem Verkaufspreis. Die Aufwendungen setzen sich zusammen:[2]

---

[1] Lobe S. 7 und der IV. Senat (JW. 1916 S. 1131) wenden sich gegen diese kaufmännisch anerkannte Bezeichnung des Rohgewinnes und meinen, daß Rohgewinn nur der volle Verkaufspreis wäre. Dadurch wird aber nicht die Tatsache aus der Welt geschafft, daß man im kaufmännischen Verkehr ganz allgemein den Unterschied zwischen Einkaufspreis und Verkaufspreis als Brutto- oder Rohgewinn bezeichnet; vgl. beispielsweise Mitteilungen des Handelstags, 56. Jahrg., Nr. 16 S. 12. Übereinstimmung herrscht darüber, daß der sogen. Bruttogewinn nicht maßgebend ist.

[2] Vgl. hierfür die Ausführungen von Lobe S. 7 und die Entscheidungen des IV. Senats des RG. vom 2. und 12. Mai 1916, JW. 1916 S. 1131ff. und vom 27. Juni 1916, LZ. 1916 S. 1096.

1. aus den Gestehungskosten,
2. den besonderen Betriebsunkosten für die Herbeischaffung und Bereitstellung der einzelnen Ware,
3. einem Anteile der allgemeinen Betriebsunkosten des Unternehmens.

Die Berücksichtigung der Gestehungskosten und der Betriebsunkosten soll nach den Ausführungen von Lobe S. 9 gewissen Beschränkungen unterworfen sein. So sollen Anschaffungskosten, die auf einer Teilnahme an einer Preistreiberei oder übermäßigen Preisforderung oder sonstigen unlauteren Machenschaften beruhen, oder wenn der Höchstpreis überschritten worden ist, nicht in voller Höhe in Rechnung gestellt werden dürfen (vgl. auch Entsch. des IV. Senats vom 27. Juni 1916, LZ. 1916 S. 1096). Betriebsunkosten, die aus Unerfahrenheit, besonderer Liebhaberei und dergleichen das gewöhnliche Maß überschritten, sollen gleichfalls ausscheiden.

Hiergegen erheben sich schwere Bedenken.

Nach der Preissteigerungsverordnung wird, auch nach der Rechtsprechung des Reichsgerichts, nur der mit Strafe bedroht, der wirklich einen übermäßigen Gewinn erzielt hat. Ist es zu einem derartigen Gewinn nicht gekommen, weil die Anschaffungskosten oder die Betriebsunkosten zu große waren, so ist es unmöglich, eine Bestrafung wegen des Gewinnes eintreten zu lassen, den der Verkäufer in Wirklichkeit gar nicht erzielt hat, wohl aber hätte erzielen können, wenn er niedrigere Aufwendungen gehabt hätte. Ob die zu großen Aufwendungen auf unlauterer oder gar strafbarer Grundlage beruhen, ist für die Frage des tatsächlichen Gewinnes ganz gleichgültig. Wer die Höchstpreise überschreitet, kann nur dieserhalb bestraft werden, nicht aber unter dem Gesichtspunkte zur Verantwortung gezogen werden, daß an Stelle der tatsächlich aufgewendeten höheren Anschaffungskosten ein angemessener, aber fiktiver Betrag eingestellt wird.[1]

Bei dem Anteil an den allgemeinen Betriebsunkosten ist zu beachten, daß nur diejenigen Kosten berücksichtigt werden dürfen,

---

[1] Hierauf hat schon Alsberg in der JW. 1916 S. 1133 sehr zutreffend hingewiesen.

die für den Handel mit Gegenständen des täglichen Bedarfs oder des Kriegsbedarfs tatsächlich aufgewendet worden sind, nicht dagegen ein Teil derjenigen Betriebsunkosten, die andere Gegenstände betreffen (Lobe S. 9). Diese Trennung wird erheblichen praktischen Schwierigkeiten begegnen.

Zu beachten ist ferner, daß der Ausgleich für Einbußen infolge Betriebsverlusten oder Rückgang des ganzen Unternehmens nicht in einem Zuschlag zu dem Gewinn aus Gegenständen des täglichen Bedarfs oder des Kriegsbedarfs gesucht werden darf (Lobe S. 10, Entscheidungen des III. Senates vom 14. Februar 1916, RGS. 49 S. 398, LZ. 1916 S. 737, des IV. Senates vom 17. März 1916, LZ. 1916 S. 672, vom 2. Mai 1916, JW. 1916 S. 1131). Nach der, freilich viel zu weit gehenden Entscheidung des Oberlandesgerichts Dresden vom 2. Oktober 1916 (LZ. 1917 S. 75) dürfen im Handel mit Bedarfsgegenständen „verlustbringende Geschäfte durch andere, höheren Gewinn bringende Geschäfte nicht und zumal nicht in der Weise ausgeglichen werden, daß die Gesamtheit der Geschäfte den Maßstab für die Beurteilung abgibt, ob die im einzelnen Falle gestellte Preisforderung einen übermäßigen Gewinn enthält."

Hat man hiernach auf Grund der Gestehungskosten den Reingewinn berechnet, so ist nach der Rechtsprechung des Reichsgerichts zu unterscheiden, ob die Gegenstände schon im F r i e d e n gehandelt oder ob die Waren erst durch den K r i e g hervorgebracht worden sind.

Ersterenfalls ist der im Kriege gezogene Reingewinn mit dem im Frieden erzielten Gewinn zu vergleichen; soweit er ihn übersteigt, ist er nach der Meinung des Reichsgerichts und Lobes übermäßig (vgl. Lobe S. 17, Entscheidungen des IV. Senats vom 2. Mai 1916, JW. 1916 S. 1131, vom 27. Juni 1916 LZ. 1916 S. 1096 und vom 7. Juli 1916 LZ. 1916 S. 1299).

Handelt es sich um eine erst im Kriege in den Handel gebrachte Ware, dann versagt der Vergleich zwischen dem Kriegsgewinn und dem Friedensgewinn. Um bei solchen Gegenständen beurteilen zu können, ob ein übermäßiger Gewinn vorliegt oder nicht, muß man sich vergegenwärtigen, welchen Aufgaben der Reingewinn zu dienen bestimmt ist. Nach den einleuchtenden

Ausführungen in der Schrift von Lobe S. 16 in Verbindung mit dem auf diesen Ausführungen beruhenden Urteil des IV. Senates vom 12. Mai 1916 (JW. 1916 S. 1132) darf der Reingewinn enthalten:

1. den Unternehmerlohn, d. h. eine Vergütung für die vom Unternehmer aufgewendete eigene Arbeitsleistung,
2. eine Entschädigung für den entgangenen Kapitalzins,
3. eine Risikoprämie für die Gefahr des Verlustes, die mit dem Betriebe des Unternehmens verbunden ist,
4. einen Betrag zur Kapitalbildung.

Nach den Ausführungen von Lobe S. 17 und dem Urteil des IV. Senates vom 12. Mai 1916 (Sächs. Arch. 1916 S. 278) ist ein Gewinn, der Unternehmerlohn, Kapitalzins und Risikoprämie deckt, niemals übermäßig. Man wird hinzufügen dürfen, daß die Übermäßigkeit auch dann unter allen Umständen zu verneinen ist, wenn über diese drei Posten hinaus noch ein angemessener Betrag zur Kapitalbildung übrig bleibt.

Was die zahlenmäßige Feststellung der vier Bestandteile des Reingewinnes anlangt, so ist der Richter hier ausschließlich auf Sachverständigengutachten angewiesen. Hierbei ist zu verlangen, daß Sachverständige aus dem in Betracht kommenden Geschäftszweig zu Worte kommen.[1]

Je höher die persönliche Arbeitsleistung des Unternehmers und sein Zeitaufwand sind, um so höher kann der Unternehmerlohn sein. Auch wenn es dem Verkäufer gelungen ist, zu besonders niedrigen Preisen einzukaufen, kann der Entgelt hierfür in höherem Unternehmerlohn seinen Ausdruck finden.[2] Dagegen soll nach dem allerdings nicht unbedenklichen Ausspruch des IV. Senates in seinem Urteil vom 27. Juni 1916 (LZ. 1916 S. 1096) die Berufung darauf, daß in den jetzigen Zeiten die ganze Lebenshaltung verteuert sei, unzulässig sein. Die gegen-

---

[1] Auch der Sachverständige wird hierbei oft unüberwindlichen Schwierigkeiten begegnen.

[2] Der IV. Senat hat in seinem Urteil vom 7. Juli 1916 LZ. 1916 S. 1299 dem „Unternehmer" sogar um deswillen einen höheren Unternehmerlohn zuerkannt, weil es ihm gelungen ist, durch unlautere Machenschaften einen unter dem Wert der Sache liegenden Einkaufspreis zu erzielen.

teilige Meinung[1] läßt sich jedenfalls nicht damit abtun, daß sonst die allgemeine Kriegsnot auf die Verbraucher abgewälzt würde. Bei der Entschädigung für den Kapitalzins wird in Betracht gezogen werden müssen, wie groß der Zeitraum zwischen den Aufwendungen für die Ware und ihrer Versilberung ist. Als Zinsfuß dürfte hierbei ein mittlerer Maßstab anzuwenden sein. Die Zinsen, die bei der Anlegung des Kapitals in einem industriellen Unternehmen erzielt werden, können nicht schlechthin zugrunde gelegt werden, weil in diesen Zinsen gleichzeitig ein Entgelt für das Risiko mit inbegriffen ist, welches mit der Anlegung von Geld in einem solchen Unternehmen ohne weiteres verbunden ist. Diese Entschädigung für das Risiko bildet aber nach der mitgeteilten Auffassung des Reichsgerichts einen besonderen Posten, der nicht zweimal eingesetzt werden darf. Im übrigen wird die Risikoprämie zweckmäßig durch einen prozentualen Zuschlag zu der Kapitalzinsentschädigung zu berechnen sein. Die Höhe dieses Prozentsatzes hängt von den Umständen des Falles ab. Je größer die Gefahr des Verlustes der Ware ist, um so größer die Risikoprämie. Was schließlich den Betrag anlangt, der zur Kapitalbildung verwendet werden darf, so lassen sich hierfür keine allgemeinen Regeln aufstellen.

Die Gewinnberechnung auf der Grundlage der Gestehungskosten ergibt mithin nach der Rechtsprechung des Reichsgerichts, namentlich derjenigen des IV. Senates, folgendes Bild:

Zu ermitteln sind:

I. die Aufwendungen, bestehend aus
   a) den Gestehungskosten (Preis der Erzeugung oder Anschaffung),
   b) den besonderen Betriebsunkosten,
   c) einem Anteil der allgemeinen Betriebsunkosten.

II. der Verkaufspreis.

Der Vergleich der Posten I und II ergibt

III. den Reingewinn.

Maßstab für die zulässige Höhe des Reingewinnes ist bei der Friedensware der Friedensgewinn;

[1] Vgl. die beachtlichen Ausführungen in dem Urteil des Kammergerichts vom 21. XI. 16. (J. W. 1917 S. 116).

bei der **Kriegsware** ist der Gewinn erlaubt, der nach richterlichem Ermessen in angemessener Höhe deckt

1. den Unternehmerlohn,
2. den entgangenen Kapitalzins,
3. die Risikoprämie,
4. einen Betrag zur Kapitalbildung.

Es wird zu prüfen sein, ob diese Unterscheidung zwischen dem Gewinn für Friedenswaren und Kriegswaren den tatsächlichen Verhältnissen gerecht wird.

§ 3.
Friedensgewinn und Kriegsgewinn.

In seiner Schrift über den übermäßigen Gewinn führt Lobe S. 18 aus, daß der zum Vergleich heranzuziehende Gewinn nach seinem wirklichen Geldbetrag, nicht etwa nach seinem auf die Gestehungskosten und Betriebsunkosten bezogenen Prozentsatz zu nehmen sei. Die prozentuale Gewinnberechnung wird mit folgendem Beispiel bekämpft:

Bei einer Ware, für die im ganzen einschließlich des Anteils an den Betriebsunkosten 10 M. aufgewendet worden seien, bedeute einen Gewinn von 20 % 2 M., koste die Ware wegen höherer Anschaffungs- und Betriebsunkosten 20 M., so bedeute ein Gewinn von 20 % 4 M.; das sei nicht der gleiche, sondern der doppelte Reingewinn im Kriege gegenüber dem im Frieden.

Dieses Beispiel ist nur äußerlich betrachtet zutreffend. Denn je höher die Anschaffungskosten der Ware sind, um so höher ist auf jeden Fall die Entschädigung für den entgehenden Kapitalzins. Das gleiche gilt von der Risikoprämie. Denn je höher die Aufwendungen des Unternehmers sind, um so empfindlicher trifft ihn der Verlust, um so höher muß er schon aus diesem Grunde, ganz abgesehen von den besonderen Umständen des einzelnen Falles, die Risikoprämie nehmen.

Angenommen, es beliefen sich zu Friedenszeiten die gesamten Aufwendungen für eine Ware auf 100 M. und der Verkaufspreis auf 125 M.; der Reingewinn würde dann 25 M. betragen. Zerlegt man den Reingewinn in diejenigen Bestandteile, die er anerkanntermaßen enthalten darf, und legt man für die Zeit zwischen den Aufwendungen und der Versilberung der Ware ein halbes Jahr zugrunde, so wird sich zahlenmäßig etwa folgendes Bild ergeben:

a) Entschädigung für den Kapitalzins, 5 % auf ein halbes Jahr . . .	2,50	M.
b) Risikoprämie 2 %	1,—	„
c) Unternehmerlohn	18,—	„
d) Betrag für die Kapitalbildung .	3,50	„
zusammen:	25,—	M.

Betragen die Aufwendungen für dieselbe Ware im Kriege 200 Mk. und nimmt man lediglich hinsichtlich der Kapitalzinsentschädigung und der Risikoprämie die wegen der größeren Aufwendungen selbstverständliche Erhöhung vor, so ergeben sich folgende Zahlen:

a) Entschädigung für den Kapitalzins 5 %	5,—	M.
b) Risikoprämie 2 %	2,—	„
c) Unternehmerlohn	18,—	„
zusammen:	25,—	M.

In diesen 25 Mk. hat der Betrag für die Kapitalbildung überhaupt keinen Platz mehr gefunden. Es ergibt sich also für den Unternehmer ein Reingewinn im engsten Sinne — darunter würde man den Teil des Reingewinnes zu verstehen haben, der nach Abzug des Unternehmerlohns, der Kapitalzinsentschädigung und der Risikoprämie verbleibt (vgl. auch Lobe S. 16f.) — überhaupt nicht.

Ist dagegen die Ware erst im Kriege gehandelt worden und fehlt es deshalb an dem Maßstab des Friedensgewinns, so sind anerkanntermaßen die vier einzelnen Bestandteile des Reingewinnes nach freiem richterlichem Ermessen, welches sich allerdings stets auf sorgfältige Sachverständigengutachten stützen sollte, selbständig zu ermitteln. Da hierbei auch ein angemessener Betrag zur Kapitalbildung ausgeworfen werden muß, so kommt der Unternehmer, der mit Kriegswaren handelt, besser weg wie derjenige, der die Ware schon im Frieden vertrieben hat.

Dieses Ergebnis ist ein durchaus unbefriedigendes. Wenn es auch richtig ist, daß nicht ohne weiteres ein prozentualer Zuschlag auf die Gestehungskosten im weitesten Sinne für die Gewinnberechnung maßgebend ist, so führt es doch andererseits zu einem ganz falschen Bild, wenn man den zahlenmäßig festgestellten Kriegsgewinn im ganzen mit dem ebenso ermittelten Friedensgewinn vergleicht (vgl. die hiermit übereinstimmende Entscheidung des Kammergerichts vom 21. November 1916, JW. 1917 S. 117). Zu diesem Vergleiche geeignet ist allenfalls nur derjenige Teil, der auf keinen Fall im Kriege höher sein darf wie in Friedenszeiten, d. i. derjenige Betrag, der zur Kapitalbildung verwendet werden soll.

In der Entscheidung des IV. Senats vom 7. Juli 1916 (LZ. 1916 S. 1299) ist grundsätzlich anerkannt, daß die Risikoprämie und der Unternehmerlohn im Kriege je nach Lage des Falles höhere sein können, als im Frieden. Wenn trotzdem entscheidendes Gewicht auf den Friedensgewinn gelegt wird, so ist dieses Zugeständnis nur dahin zu verstehen, daß ausnahmsweise dieser Maßstab versagt. Diese Auffassung widerspricht den tatsächlichen Verhältnissen. Denn es ist gerade umgekehrt zu behaupten, daß im Kriege regelmäßig, jedenfalls dann, wenn die Anschaffungen größere sind als im Frieden, die Kapitalzinsentschädigung und die Risikoprämie, meistens auch der Unternehmerlohn, größer sein müssen als im Frieden.

Es ist deshalb, wenn man einmal die Gewinnberechnung und die Prüfung des Übermaßes des Gewinnes auf der Grundlage der Gestehungskosten aufbaut, zu fordern, daß die einzelnen Bestandteile des Reingewinnes nicht nur bei der Kriegsware, sondern auch bei schon im Frieden gehandelten Gegenständen selbständig ermittelt und gewertet werden müssen. Dann aber kann ein Unterschied in der Gewinnberechnung für die Kriegsware im Vergleich zu der Friedensware überhaupt nicht anerkannt werden. Bloß zu dem Ziele, um den für die Kapitalbildung frei bleibenden Betrag mit dem entsprechenden Teil des Friedensgewinnes vergleichen zu können, kann das umständliche, von einer gewissen Willkür doch niemals unabhängige Verfahren, den Friedensgewinn und außerdem den Kriegsgewinn zu ermitteln, nicht gebilligt werden. Hierbei müßte man, um unrichtige Ergebnisse möglichst auszuschalten, aus den angegebenen Gründen nicht nur den Friedensgewinn und den Kriegsgewinn im ganzen, sondern auch nach seinen einzelnen Bestandteilen feststellen und dürfte lediglich den zur Kapitalbildung bestimmten Betrag des erzielten Kriegsgewinnes mit dem entsprechenden Betrag des Friedensgewinnes in Vergleich ziehen. Daß bei alledem freies richterliches Ermessen, gestützt auf Sachverständigengutachten, letzten Endes entscheidet, ist schon gesagt worden. Dieses Ermessen bedeutet aber überhaupt keinen, geschweige denn einen sicheren Maßstab für die Frage des Gewinnübermaßes.

Legt man dagegen, anstatt von den Gestehungskosten auszugehen, den Marktpreis zugrunde, so wird die Unsicherheit in der Wertung des Gewinnes beseitigt oder wenigstens erheblich eingeschränkt. Deshalb soll untersucht werden, inwieweit es gerechtfertigt erscheint, dem Marktpreis eine größere Bedeutung einzuräumen, als ihm in der bisherigen Rechtsprechung des III. und IV. Senats zugebilligt worden ist.

§ 4.

Gestehungskosten und Marktpreis.

Von Lobe und in der Rechtsprechung des Reichsgerichts wird anerkannt, daß es Fälle gibt, bei denen zur Gewinnberechnung auf die Gestehungskosten nicht zurückgegriffen werden kann. Es handelt sich um folgende Tatbestände:

1. Ein Jagdpächter, der die Jagd aus Liebhaberei betrieb, hatte die von ihm erlegten Hasen zu einem den Marktpreis übersteigenden Preise verkauft. Der IV. Senat hat in seinem Urteil vom 23. Juli 1915 (JW. 1916 S. 1205) in Übereinstimmung mit den Ausführungen von Lobe S. 13ff. ausgesprochen, daß es sich hier um einen im bürgerlichen Verkehr vorgenommenen Verkauf handle, nicht um die Veräußerung im Betriebe eines gewerblichen Unternehmens. Der Unternehmergewinn komme nicht in Frage. Es entscheide lediglich das Verhältnis des Verkaufspreises zum Verkehrswert.

Hier wird also als Maßstab für die Beurteilung der Frage,

ob übermäßiger Gewinn vorliegt oder nicht, der Verkehrswert genannt; die Gestehungskosten scheiden aus.

2. Nach den meines Erachtens zutreffenden Darlegungen von Lobe S. 11ff. und 27ff. versagt ferner die Berechnung des Reingewinnes an der einzelnen Ware unter Zugrundelegung der Gestehungskosten und anteiligen Betriebsunkosten bei solchen Waren, bei denen diese Kosten kein Mittel für die Preisbildung sind. Das ist namentlich dann der Fall, wenn vom Unternehmer von vornherein nur auf den Gesamtgewinn aus dem ganzen Unternehmen gesehen wird und die innerhalb des Unternehmens an den einzelnen Waren erzielten Gewinne und Verluste miteinander ausgeglichen werden, wie dies beispielsweise in Warenhausunternehmungen zu geschehen pflegt. Hier kann man von einem Gewinn, der in dem Preise der Einzelware enthalten ist, nicht reden (Lobe S. 27); andererseits beeinflußt auch bei solchen Unternehmungen der Verkaufspreis der einzelnen Ware den Gesamtgewinn, er enthält mittelbar den Anteil an ihm. Ist dieser Anteil übermäßig groß, so ist auch hier die Preissteigerungsverordnung anwendbar (Lobe S. 27).

Da aber hier die Gestehungs- und Betriebsunkosten nicht preisbildend wirken, so kann man die Frage nach dem angemessenen Gewinn nicht nach der Höhe dieser Gestehungs- und Betriebsunkosten beurteilen. Es müssen die wirklichen preistreibenden Kräfte gefunden werden, die sich nach den Ausführungen von Lobe im allgemeinen im Marktpreis und Verkehrspreis verkörpern (Lobe S. 28).

In derartigen Fällen, die nach der Meinung Lobes häufiger sind, als es auf den ersten Blick scheint, versagt somit die Berechnungsmethode auf Grund der Gestehungskosten, die sonst in der Rechtsprechung des Reichsgerichts, namentlich des IV. Senats, von ausschlaggebender Bedeutung ist.

3. Ganz besonderes Interesse kommt der Entscheidung des I. Strafsenats vom 31. Mai 1916 zu (vgl. LZ. 1916 S. 1235, Sächs. Arch. 1916 S. 352). Der Tatbestand ist der folgende:

Eine Gemeinde hatte zwei Bullen zur öffentlichen Versteigerung gebracht. Sämtliche Personen, die als Bieter in Betracht kamen, es sind in die 20 gewesen, hatten sich verabredet, die beiden Tiere gemeinschaftlich zu ersteigern, um dadurch den Preis niederzuhalten. Das höchste Gebot wurde auf 1750 M. abgegeben. Die Versteigerung blieb infolge dieses geringen Gebotes erfolglos. Hierauf hat einer von den Bietern im Einvernehmen mit den anderen die beiden Bullen freihändig dadurch erworben, daß er 1800 M. geboten und gezahlt hat. Er hat die Tiere für 2375 M. verkauft, so daß ihm nach Abzug der Unkosten ein Reingewinn von 500 M. verblieb.

Nach den Feststellungen der ersten Instanz entsprach der Verkaufspreis dem durch die Marktlage gerechtfertigten Marktpreis. Der von der Strafkammer wegen übermäßigen Gewinns verurteilte Angeklagte wurde von dem Reichsgericht freigesprochen.

In den Gründen hat sich der I. Strafsenat dahin ausgesprochen,

> ein Gewinn könne dann nicht als ein übermäßiger erklärt werden, wenn und soweit er auf Umstände zurückzuführen sei, die in keinem Zusammenhang mit der Kriegsnot oder der durch sie geschaffenen Konjunktur ständen, sich auf die Person des Unternehmers und etwa noch seines Rechtsvorgängers beschränkten und auf die Preisbildung gegenüber der Allgemeinheit und dem Verbraucher ohne Einfluß seien.
>
> Der Einkaufspreis sei ohne weiteres dann in Rechnung zu ziehen, wenn er sich nur unter gewöhnlichen Verhältnissen nach Gesichtspunkten allgemein wirtschaftlicher Art gebildet habe, sei das nicht der Fall, so verliere er für die Gewinnbeurteilung für sich allein seine Bedeutung.
>
> Beispielsweise müsse die schenkungsweise Erlangung eines wirtschaftlichen Vorteils als ein Umstand angesehen werden, der dem Einkaufspreis als solchem für sich allein seine Bedeutung als Grundlage für eine Gewinnbeurteilung aus § 5 Nr. 1 der Preissteigerungsverordnung nehme. Ebenso sei die Sachlage zu beurteilen, wenn ein Teil eines nach Einkaufs- und Verkaufspreis berechneten Gewinnes auf betrügerischer Erzielung eines ungewöhnlich billigen Einkaufspreises zurückzuführen wäre; auch hier könne der durch den Betrug erlangte Vorteil nicht mit zu der Begründung einer Übermässigkeit des Gewinnes herangezogen werden.

Im vorliegenden Falle habe die ungewöhnliche Höhe des erzielten Gewinnes ihren Grund allein in der ungewöhnlichen Niedrigkeit des Einkaufspreises. Dies sei auf Machenschaften zurückzuführen, die nicht etwa entgegen den Zwecken des Gesetzes eine Steigerung des Verkaufspreises und eine Ausbeutung der Verbraucher beabsichtigt hätten, für die allgemeine Preisbildung dagegen ohne Belang und zur Kriegsnot und den Interessen der Verbraucher in keiner Beziehung ständen.

Die gleichen Grundsätze hat der V. Strafsenat in seinem Urteil vom 26. September 1916 (LZ. 1917 S. 128 und JS. 1916 S. 1537) wiederholt. In dieser Entscheidung ist eine Hehlerin freigesprochen worden, die sich im Wege des hehlerischen Erwerbes Butter zum Preise zu M. 1,— für das Pfund verschafft und für 2,50 M. verkauft hatte, während der Marktpreis 2,55 M. betrug. Auch hier ist der V. Senat im Gegensatz zu der ersten Instanz zu einer Freisprechung gelangt, indem er sich den vorerwähnten Ausführungen des I. Senats anschloß.

Der IV. Senat hat zu dem Urteil des I. Senats vom 31. Mai 1916 in seiner Entscheidung vom 7. Juli 1916 (LZ. 1916 S. 1298ff.) Stellung genommen und dazu folgendes bemerkt:

„Das Urteil des I. Senats vom 31. Mai steht hiermit (mit der Ablehnung des Marktpreises als Vergleichsmaßstab) keineswegs in Widerspruch. Denn, dort wird nur aus besonderen Gründen abgelehnt, den Einkaufspreis mit dem ordnungsgemäß gebildeten Marktpreis in Vergleich zu setzen, weil der Einkaufspreis zufolge besonderer Geschicklichkeit (!) des Unternehmers erheblich unter dem Werte gehalten worden sei. Damit ist in dem höheren Gewinn ein berechtigter (!) höherer Unternehmerlohn zugestanden worden, aber keineswegs schlechthin der Marktpreis für maßgebend hingestellt worden“.

Angesichts dieser Entscheidungen des I. u. V. Senats, die um deswillen eigenartig anmuten, weil der auf Schiebungen, Betrügereien oder Hehlerei beruhende übermäßige Gewinn nicht von der Preissteigerungsverordnung erfaßt werden soll, ist zu prüfen, worin der Maßstab für den angemessenen Gewinn erblickt worden ist.

Dem Einkaufspreis, also den Gestehungskosten im engeren Sinn, haben der I. und V. Senat in den vorliegenden Fällen nicht die Bedeutung zuerkannt, als Grundlage für die Gewinnbeurteilung zu dienen. Diese Auffassung ist darauf gestützt worden, daß der Einkaufspreis ungewöhnlich niedrig gewesen sei und auf Machenschaften beruht habe, die zur Kriegsnot in keinem Zusammenhang gestanden hätten.

Hat hiernach in den mitgeteilten Fällen die Gewinnberechnung auf Grundlage der Gestehungskosten versagt, so kann der Maßstab dafür, daß trotz der anerkannten ungewöhnlichen Höhe des Gewinnes eine übermäßige Preissteigerung nicht vorlag, nur in dem Marktpreis erblickt worden sein. Die Feststellung irgend einer anderen positiven Preisgrenze ist aus den erwähnten Urteilen des I. und V. Senats nicht ersichtlich. Daß damit der Marktpreis nicht schlechthin als maßgebend anerkannt worden ist, mag dem IV. Senat gemäß seiner Entscheidung vom 7. Juli 1916 zugegeben werden. Dadurch wird aber nicht die Tatsache aus der Welt geschafft, daß in den beiden konkreten zur Entscheidung gekommenen Fällen tatsächlich der Marktpreis als entscheidendes Kriterium für die Frage der Übermäßigkeit angesehen worden ist. Auch wenn dies nicht mit klaren Worten zum Ausdruck gebracht worden ist, so muß dennoch in Wirklichkeit die Einhaltung des Marktpreises für die Freisprechung der Angeklagten entscheidend gewesen sein. Denn damit allein, daß der Einkaufspreis ungewöhnlich niedrig gewesen ist, läßt sich doch die Verneinung der Frage nach dem übermäßigen Gewinn nicht rechtfertigen. Sonst könnte ja der Gewerbetreibende, dem es gelingt, durch Machenschaften der in den Urteilen erwähnten Art zu einem besonders niedrigen Einkaufspreis zu gelangen, geradezu einen grenzenlosen Gewinn einstecken. Die Entscheidungen wären gewiß anders ausgefallen und hätten zu einer Verurteilung der Angeklagten geführt, wenn diese den Marktpreis überschritten hätten. Sie hätten alsdann wegen des in der Überschreitung des Marktpreises liegenden Gewinnes auf Grund der Preissteigerungsverordnung bestraft werden müssen.

Angesichts dieser Urteile des I. und V. Senats kann man nicht mehr an der näheren Prüfung der Frage vorübergehen, ob wirklich dem Marktpreis die Bedeutungslosigkeit zukommt, die er namentlich in der Rechtsprechung des IV. Strafsenats mit Rücksicht auf die Überspannung des Begriffs der Notmarktlage gefunden hat. In den Urteilen des IV. Senats vom 14. April 1916 (LZ. 1916 S. 800) und des III. Senats vom 3. Juli 1916 (LZ. 1916 S. 1171) wird grundsätzlich verlangt, daß der Geschäftsmann, der billig eingekauft hat, nicht zu dem höheren Marktpreise verkaufen darf, wenn ihm die Einhaltung des Marktpreises einen übermäßigen Gewinn verschafft. Vergleicht man damit die oben mitgeteilten Urteile des I. und IV. Senats, so ist es schlechterdings nicht einleuchtend, warum denn der Schieber, Betrüger und Hehler wegen des durch solches verwerfliches Treiben erzielten Einkaufspreises einen ungewöhnlich hohen Gewinn einstreichen darf, im Gegensatz zu dem redlichen Kaufmann, der aus anderen Gründen billig eingekauft hat. Diese verschiedenartige Behandlung läßt sich nicht damit rechtfertigen, daß in den beiden von dem I. und V. Senat entschiedenen Fällen der Einkaufspreis auf Machenschaften beruht habe, die zur Kriegsnot in keiner Beziehung gestanden hätten. Durch den niedrigen Einkaufspreis als solchen wird die Kriegsnot des Verbrauchers überhaupt nicht ausgenutzt. Wenn auch der Einkaufspreis für die Höhe des Verkaufspreises von Bedeutung ist und deshalb gewiß mittelbar für eine Preissteigerung in Betracht kommenn kann, so erschöpft sich doch das Interesse des Verbrauchers darin, daß der Verkaufspreis kein zu großer ist. Deshalb kann dem Verbraucher unter der Voraussetzung eines angemessenen Verkaufspreises ganz gleichgültig sein, welchen Gewinn der Verkäufer zieht. Wenn gar der IV. Senat in seinem Urteil vom 7. Juli 1916 (LZ. 1916 S. 1299) unter Bezugnahme auf die Entscheidung des I. Senats vom 31. Mai 1916 sagt, mit der Zulassung des höheren Gewinnes sei dem Verkäufer, der doch tatsächlich eine zu verurteilende Schiebung vorgenommen hat, zufolge „besonderer Geschicklichkeit“ ein „berechtigter höherer Unternehmerlohn“ zugestanden worden, so bedeutet das doch geradezu eine Auszeichnung für ein durchaus verwerfliches Treiben, dessen sich ein anständiger Kaufmann niemals schuldig machen wird.

Den Kern der Sache trifft meines Erachtens die Entscheidung des I. Strafsenats vom 4. Mai 1916 (Sächs Arch. 1916 S. 276). Die Grundlage dieser Reichsgerichtsentscheidung bildet allerdings nicht die Preissteigerungsverordnung, sondern die Bekanntmachung eines sich gleichfalls gegen den Preiswucher wendenden Generalkommandos. Bei der Entscheidung kam in Frage, ob beim Absatz von Milch ein zu hoher Preis verlangt worden war. Hierzu führt das erwähnte Urteil folgendes aus:

„Da die Marktlage für alle Milchhändler gleich ist, muß der der Marktlage entsprechende Preis notwendig auch für alle derselbe sein und wenn der von dem Händler geforderte Preis nach der Marktlage gerechtfertigt ist, kann nichts darauf ankommen, welchen Gewinn er bei diesem Preis erzielt. Die Anordnung des kommandierenden Generals verbietet dem Händler nicht, Nutzen aus Umständen zu ziehen, die lediglich in seiner Person liegen; deshalb braucht er den Vorteil, den er dadurch hat, daß er im großen und unmittelbar vom Erzeuger und deshalb billiger einkaufen kann als andere, die wegen Mangels an Betriebsmitteln oder geschäftlicher Erfahrung nicht ebenso verfahren können, nicht seinen Abnehmern zugute kommen zu lassen.“

Diese Darlegungen sind allenthalben zutreffend und können auch für die Preissteigerungsverordnung Geltung beanspruchen. Die Preissteigerungsverordnung verbietet ja, was man allerdings bei der Rechtsprechung des IV. Strafsenats vergessen könnte, den übermäßigen Gewinn als solchen gar nicht, sondern nur denjenigen Gewinn, der unter Berücksichtigung der gesamten Verhältnisse, insbesondere der Marktlage, als übermäßig bezeichnet werden muß. Nicht auf den Gewinn im absoluten, sondern nur auf den im relativen Sinne kommt es an. Dem gleichen Gedanken gibt die vorerwähnte Entscheidung mit den Worten Ausdruck, daß nichts darauf ankomme, welchen Gewinn der Händler im einzelnen Fall erziele, wenn er nur den nach der Marktlage gerechtfertigten Preis verlange.

Von besonderem Interesse ist auch, daß in der erwähnten Entscheidung des I. Strafsenats vom 4. Mai 1916 der Marktpreis sich auf einer Marktlage aufgebaut hat, die man nach der Rechtsprechung des IV. Strafsenats als eine rechtlicher Anerkennung nicht fähige Notmarktlage bezeichnen müßte. Es wird in dem Urteil ausdrücklich gesagt, daß einerseits eine starke Milchknappheit und andererseits infolge des Heeresbedarfs eine stark gestiegene Nachfrage nach Käsereierzeugnissen geherrscht habe. Trotzdem ist der sich auf solcher Marktlage aufbauende Marktpreis zugunsten der angeklagten Händler als maßgebend anerkannt worden.

Nach alledem will es mir scheinen, daß die immer schärfere Zurückdrängung des Marktpreises als Maßstab für die Gewinnberechnung so, wie sie namentlich in den Erkenntnissen des III. und IV. Strafsenats des Reichsgericht zutage tritt, sowohl rechtlicher Anerkennung durchaus fähigen kaufmännischen Gepflogenheiten widerspricht, als auch mit dem Wortlaut und dem Sinne der Preissteigerungsverordnung nicht in Einklang gebracht werden kann. Freilich ist zuzugeben, daß der Marktpreis nicht immer als absoluter Maßstab gelten darf, namentlich dann nicht, wenn er einer sogenannten Notmarktlage entsprungen ist. Man darf jedoch den Begriff der Notmarktlage nicht überspannen und keinesfalls so weit gehen, wie dies der IV. Senat in seinem Urteil vom 30. Oktober 1916 getan hat, wonach eine Notmarktlage schon dann vorliegen soll, wenn sie durch erhebliche Warenknappheit auf der einen Seite und gesteigerte Nachfrage auf der anderen Seite entstanden ist, sofern die Warenknappheit lediglich durch den Krieg hervorgerufen worden ist. Die gegebenfalls gebotene Zurückdrängung des Marktpreises darf auch nicht, wie in der Rechtsprechung des III. und IV. Senats des Reichsgerichts die Regel, sondern nur die Ausnahme bilden. Hierbei würde überdies noch zu prüfen sein, ob nicht der Verkehrswert der Ware ermittelt werden kann. Bejahendenfalls müßte dann der Verkehrswert an Stelle des Marktpreises treten.

Es ist zu behaupten, daß der Marktpreis einen viel sicheren und gerechteren Maßstab für die Gewinnberechnung gibt, als die kaufmännischen Gepflogenheiten wiederprechende und praktisch auch nur mit einiger Sicherheit häufig gar nicht durchführbare Gewinnberechnung auf der schwankenden Grundlage der Gestehungskosten. Nur da, wo ausnahmsweise der Marktpreis als entscheidender Faktor ausscheidet und durch den Verkehrswert nicht ersetzt werden kann, sollte auf die Gestehungskosten zurückgegriffen werden. Das ist beispielweise nach dem Wortlaut der Bundesratsverordnung auch dann notwendig, wenn die Gestehungskosten so groß sind, daß die Einhaltung des Marktpreises dem Verkäufer überhaupt keinen Gewinn mehr läßt. Denn wenn der Verkäufer tatsächlich keinen Gewinn gezogen hat, so kann er unmöglich wegen übermäßigen Gewinnes zur Rechenschaft gezogen werden (übereinstimmend die Urteile des IV. Senats vom 14. April 1916 und des III. Senats vom 3. Juli 1916, LZ. 1916 S. 800 und S. 1171). Im Interesse wirksamer Bekämpfung des Preiswuchers dürfen allerdings unter der Voraussetzung, daß man den Marktpreis als Maßstab anerkennt, die höheren Gestehungskosten nur in ganz seltenen Ausnahmefällen berücksichtigt werden.

III. Vorschläge.

Überblickt man die Rechtsprechung des Reichsgerichts, so wird man nicht sagen können, daß die Meinungen der vier mehrfach genannten Strafsenate unseres höchsten Gerichtshofs, obwohl offene Gegensätze vermieden werden, innerlich untereinander ausgeglichen sind. Während der I. und V. Senat dem Marktpreis, der einer nicht künstlich hochgetriebenen Marktlage entspricht, die ihm zukommende Bedeutung einzuräumen scheinen, legen der III. und vor allem der IV. Senat unter fast völliger Ausschaltung des Marktpreises den Gestehungskosten entscheidendes Gewicht bei. Ergibt sich schon hierdurch für den Handel eine Unsicherheit, so wird diese nicht dadurch beseitigt, wenn der Gewerbetreibende versucht, sich der ihm ungünstigsten Auffassung des IV. Senats zu fügen. Denn es ist im voraus nicht zu übersehen, ob der Gewinn, den der einzelne auf Grund der Gestehungskosten für angemessen hält, auch als solcher von dem Strafrichter anerkannt wird. Hierzu kommt noch, daß die Grenze zwischen den Bedarfsgegenständen der Preissteigerungsverordnung und den nicht dazu gehörigen Waren oft flüssig und deshalb ein Irrtum in dieser Richtung nicht ausgeschlossen ist. Unter solchen Umständen kann man dem Gewerbetreibenden nicht verargen, wenn er gegebenfalls lieber davon absieht, überhaupt Handel zu treiben, als sich der Gefahr ehrenrühriger Bestrafung auszusetzen. Die hierdurch für die Volkswirtschaft entstehenden Nachteile darf man nicht unterschätzen. Wenn andererseits auch leider zugegeben werden muß, daß die Bekämpfung des Kriegswuchers notwendig ist, so schließt diese Tatsache doch nicht aus, die berechtigten Wünsche des redlichen Handels zu beachten und die jetzt vorhandene Beunruhigung zu beseitigen. Der einzuschlagende Weg ergibt sich meines Erachtens aus der sinngemäßen Auslegung der Preissteigerungsverordnung in Verbindung mit der Bekanntmachung des Bundesrats über den Einfluß des entschuldbaren Irrtums auf die Strafverfolgung (oben S. 8). Folgende Sätze scheinen mir auf dem Boden des geltenden Rechts zu stehen und dem Ziel nahezuführen:

1. Als Maßstab für die Berechnung des Gewinnes dient regelmäßig und in erster Linie der Marktpreis.

2. Ist ein Marktpreis nicht zu ermitteln oder beruht er auf einer Notmarktlage, die jedoch nur dann vorliegt, wenn sie in Preistreibereien oder sonstigen unlauteren Machenschaften ihre Grundlage findet, so entscheidet der Verkehrswert.

3. Kann auch der Verkehrswert nicht ermittelt werden, dann ist die Gewinnberechnung auf der Grundlage der Gestehungskosten vorzunehmen. Über die Frage des übermäßigen Gewinnes entscheidet freies richterliches Ermessen, jedoch nicht ohne vorheriges Gehör von Sachverständigen des in Betracht kommenden Geschäftszweiges.

4. Hat der Verkäufer den Marktpreis eingehalten, so kann er wegen übermäßigen Gewinnes nur dann bestraft werden, wenn er an der Notmarktlage beteiligt ist oder sie gekannt oder infolge von Fahrlässigkeit nicht gekannt hat.

Die Rechtfertigung für die drei ersten Forderungen ergibt sich aus den vorhergehenden Ausführungen ohne weiteres. Auch gegen die Straffreiheit des Täters bei unverschuldeter Unkenntnis einer Notmarktlage lassen sich meines Erachtens begründete Bedenken nicht erheben. Beachtlich ist in dieser Beziehung die Entscheidung des Kammergerichts vom 21. November 1916 (JW. 1917 S. 116). Hiernach soll der Täter bei Einhaltung des Marktpreises nur dann strafbar sein, wenn er selbst zur Gestaltung der ungesunden Marktlage mitwirkt oder sie ausgenutzt hat, um auf diese

Weise einen übermäßigen Gewinn zu erzielen. Hier mag der Gedanke auftauchen, ob es nicht angebracht erscheint, ein den §§ 40 ff. StGB. nachgebildetes objektives Strafverfahren zuzulassen, um bei Schuldlosigkeit des Täters wenigstens den übermäßigen Gewinn zu erfassen. Dagegen spricht jedoch manches, an dieser Stelle nicht näher zu erörterndes Bedenken. In erster Linie scheint mir die Kriegsgewinnsteuer dazu geeignet zu sein, den erforderlichen Ausgleich zu schaffen.

IV. Anhang.

1. Bekanntmachung gegen übermäßige Preissteigerung.

Vom 23. Juli 1915 in der Fassung vom 23. März 1916. RGBl. 1916, S. 184.

§ 5. Mit Gefängnis bis zu einem Jahre und mit Geldstrafe bis zu zehntausend Mark oder mit einer dieser Strafen wird bestraft:

1. wer für Gegenstände des täglichen Bedarfs, insbesondere für Nahrungs- und Futtermittel aller Art, für rohe Naturerzeugnisse, Heiz- und Leuchtstoffe sowie für Gegenstände des Kriegsbedarfs Preise fordert, die unter Berücksichtigung der gesamten Verhältnisse, insbesondere der Marktlage, einen übermäßigen Gewinn enthalten, oder wer solche Preise sich oder einem anderen gewähren oder versprechen läßt;
2. wer Gegenstände der unter Nr. 1 bezeichneten Art, die von ihm zur Veräußerung erzeugt oder erworben sind, zurückhält, um durch ihre Veräußerung einen übermäßigen Gewinn zu erzielen;
3. wer, um den Preis für Gegenstände der unter Nr. 1 bezeichneten Art zu steigern, Vorräte vernichtet, ihre Erzeugung oder den Handel mit ihnen einschränkt oder andere unlautere Machenschaften vornimmt;
4. wer an einer Verabredung oder Verbindung teilnimmt, die eine Handlung der in Nr. 1 bis 3 bezeichneten Art zum Zwecke hat;
5. wer zu Handlungen der in Nr. 1 bis 3 bezeichneten Art auffordert, anreizt oder sich zu Handlungen solcher Art erbietet, soweit nicht nach den bestehenden Gesetzen eine höhere Strafe verwirkt ist.

Bei vorsätzlichen Zuwiderhandlungen gegen Nr. 1 ist die Geldstrafe mindestens auf das Doppelte des übermäßigen Gewinns zu bemessen, der erzielt worden ist oder erzielt werden sollte; übersteigt der Mindestbetrag zehntausend Mark, so ist auf ihn zu erkennen. Im Falle mildernder Umstände kann die Geldstrafe bis auf die Hälfte des Mindestbetrags ermäßigt werden.

Neben der Strafe kann auf Einziehung der Vorräte erkannt werden, auf die sich die strafbare Handlung bezieht, ohne Unterschied, ob sie dem Verurteilten gehören oder nicht. Neben Gefängnisstrafe kann auf Verlust der bürgerlichen Ehrenrechte erkannt werden.

Neben der Strafe kann ferner angeordnet werden, daß die Verurteilung auf Kosten des Schuldigen öffentlich bekanntzumachen ist.

2. Bekanntmachung über die Verfolgung von Zuwiderhandlungen gegen Vorschriften über wirtschaftliche Maßnahmen.

Vom 18. Januar 1917. RGBl. S. 58.

Der Bundesrat hat auf Grund des § 3 des Gesetzes über die Ermächtigung des Bundesrates zu wirtschaftlichen Maßnahmen usw. vom 4. August 1914 (Reichs-Gesetzbl. S. 327) folgende Verordnung erlassen:

§ 1. Bei Zuwiderhandlungen gegen Vorschriften, die auf Grund des § 3 des Gesetzes über die Ermächtigung des Bundesrats zu wirtschaftlichen Maßnahmen usw. vom 4. August 1914 (Reichs-Gesetzbl. S. 327) ergangen sind oder noch ergehen, kann die Staatsanwaltschaft, solange die öffentliche Klage nicht erhoben ist, bei dem Gerichte die Einstellung des Verfahrens beantragen, wenn der Beschuldigte in unverschuldetem Irrtum über das Bestehen oder die Anwendbarkeit der übertretenen Vorschrift die Tat für erlaubt gehalten hat.

Über den Antrag entscheidet der Amtsrichter; der Beschluß ist unanfechtbar. Der Beschluß, durch den das Verfahren eingestellt wird, ist dem Beschuldigten bekanntzumachen.

Ist das Verfahren eingestellt, so kann es nur auf Grund neuer Tatsachen oder Beweismittel aufgenommen werden.

§ 2. Ist die öffentliche Klage erhoben und erachtet das Gericht die Voraussetzungen des § 1 für gegeben, so hat es die Eröffnung des Hauptverfahrens abzulehnen oder, wenn Voruntersuchung geführt ist, den Angeschuldigten außer Verfolgung zu setzen; ist Strafbefehl beantragt, so hat das Gericht den Antrag abzulehnen,

Ergibt die Hauptverhandlung, daß die Voraussetzungen des § 1 vorliegen, so ist der Angeklagte freizusprechen.

§ 3. Diese Verordnung tritt mit dem Tage der Verkündung in Kraft. Der Reichskanzler bestimmt den Zeitpunkt des Außerkrafttretens.

Berlin, den 18. Januar 1917.

Metzger & Wittig, Leipzig.

Kolibri 360 GmbH
Ferdinand-Jühlke-Straße 7
99095 Erfurt, Deutschland
produktsicherheit@kolibri360.de